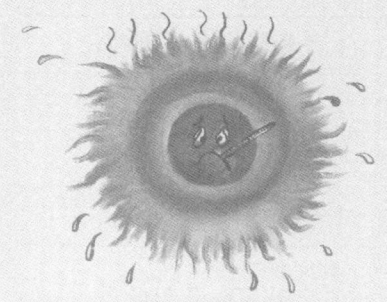

📖 주제
・생태계 ・환경 오염 ・기후 위기

📖 활용 학년 및 교과 연계

초등 과정	1-2 국어	1. 소중한 책을 소개해요
	2-1 국어	7. 친구들에게 알려요
		11. 상상의 날개를 펴요
	2-2 국어	1. 장면을 떠올리며
	3학년 도덕	우리가 만드는 도덕 수업 2. 우리 모두를 위한 길
	3-1 과학	3. 동물의 한살이
	3-2 과학	2. 동물의 생활
	4-1 과학	5. 혼합물의 분리
		6. 지구의 모습
	5-1 사회	1. 국토와 우리생활
	5-2 과학	2. 생물과 환경
		3. 날씨와 우리 생활
	6학년 도덕	6. 함께 살아가는 지구촌
	6-2 과학	2. 계절의 변화

지구가 아파!

초등 첫 인문철학왕
지구가 아파!

초판 1쇄 발행 2023년 3월 30일

글쓴이 정종영 | **그린이** 최희옥 | **해설** 지혜인
기획편집 이정희 | **편집** 이상미 박주원
디자인 문지현 | **생각 실험 디자인** 김윤현

펴낸이 이경민 | **펴낸곳** ㈜동아엠앤비
출판등록 2014년 3월 28일(제25100-2014-000025호)
주소 (03972) 서울특별시 마포구 월드컵북로22길 21, 2층
전화 (편집) 02-392-6901 (마케팅) 02-392-6900 | **팩스** 02-392-6902
홈페이지 www.moongchibooks.com | **전자우편** damnb0401@naver.com | SNS 🅕 🅘 blog

ISBN 979-11-6363-626-7(74100)

※ 잘못된 책은 구입한 곳에서 바꿔 드립니다.
※ 이 책에 실린 사진은 셔터스톡, 위키피디아, 게티이미지뱅크(코리아)에서 제공받았습니다. 그 밖의 제공처는 별도 표기했습니다.

도서출판 뭉치는 ㈜동아엠앤비의 어린이 출판 브랜드로, 아이들의 지식을 단단하게 만들어 주고,
아이들의 창의력과 사고력을 키워 주어 우리 자녀들이 융합형 사고뭉치와 창의뭉치로
성장할 수 있도록 좋은 책을 만들겠습니다.

초등 첫 인문철학왕 ① 인간과 환경

한국 철학교육 학회 추천도서

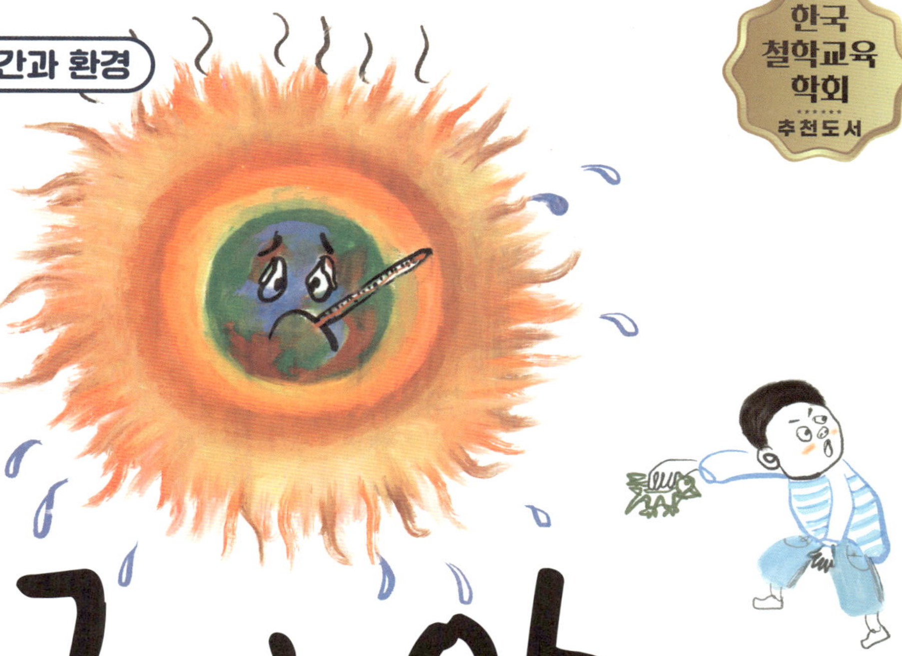

지구가 아파!

글쓴이 **정종영** 그린이 **최희옥** 해설 **한국 철학교육연구원 지혜인**

인간의 삶을 위해 자연이 파괴되어도 괜찮은 걸까?

뭉치

'질문'의 힘! '생각'의 힘!
'미래 인재'로 가는 힘!

어린이와 학부모님들께 《초등 첫 인문철학왕》을 추천할 수 있어서 매우 기쁩니다. 어린이들이 이 시리즈를 통해 '나'에 대해, 나와 공동체 사이의 소통에 대해, 세상의 이치와 진리에 대해 마음껏 질문하고 생각하기를 바라기 때문입니다. 그렇게 되면 창의적으로 문제를 해결하는 힘 또한 커질 수 있다고 믿기 때문이지요.

'제4차 산업혁명의 시대'라는 말처럼 우리는 모든 것이 혁신적으로 변화하는 시대에 살고 있습니다. 스마트폰, 인공 지능, 첨단 로봇 등 새로운 기술과 지식이 나오는 속도도 이전과 비교할 수 없을 정도로 빨라졌지요. 세상에 넘쳐나는 지식과 정보는 이제 누구나 쉽게 구할 수 있고, 개인의 두뇌에 담아낼 수 있는 용량을 넘어선 지 오래입니다. 결국 이 시대의 아이들에게 필요한 것은 지식보다는 그 지식을 다루는 지혜와 창의성 아닐까요?

7차 교육과정 개정 이후 학교 교육도 이러한 시대 흐름에 맞추어 미래 사회가 요구하는 인문학적 상상력과 과학기술 창조력을 두루 갖춘 창의융합형 인재를 양성하는 것을 목표로 합니다.

'철학'은 '지혜를 사랑하는'이란 뜻을 가진 말입니다. 이 학문은 여러분처럼 모든 것에 호기심 많았던 철학자들로부터 시작됩니다. 아주 오래전부터 인간, 사회, 자연, 우주, 진리 등 다양한 분야에서 다른 사람들보다 더 깊이, 더 많이, 그리고 아주 끈질기게 했던 수많은 질문과 탐구를 하며 만들어졌습니다.

마치 높은 곳에 올라가면 마을 전체를 내려다볼 수 있는 넓은 시야를 얻게 되듯이, 철학을 한다는 것은 하나의 문제를 더 큰 눈으로 볼 수 있게 되는 것이랍니다. 그러면 어떤 점이 좋을까요? 더 넓게 보는 눈, 더 깊이 있게 보는 눈, 다른 사람들이 생각하지 못한 부분들을 상상하고 찾아낼 수 있는 눈이 생깁니다. 또 우리 앞의 문제들을 자신만의 창의적인 방법으로 해결할 수도 있고, 그 문제를 해결하다가 다른 더 큰 문제를 발견하여 미리 처리할 수도 있습니다.

《초등 첫 인문철학왕》은 바로 그러한 생각의 눈을 아주 활짝 열어 줄 것입니다. 주제와 관련된 재미있는 동화, 이와 연결된 깊이 있는 인문 해설과 철학 특강, 창의·탐구 활동 등으로 구성된 시리즈는 아이들이 세상에 넘쳐 나는 지식을 지혜롭게 다루는 힘을 길러서, 문제해결력을 갖춘 창의적 인재로 성장할 수 있게 해 줄 것입니다.

그러니 이 책을 읽으며 여러 분야에서 떠오르는 호기심과 질문들을 혼자만 가지고 있지 말고 친구, 가족과도 나누어 보시길 바랍니다. 모두가 질문하고 생각하는 힘이 생긴다면, 어려운 문제들을 함께 해결해 나가는 공동체를 만들 수 있겠지요?

이 책을 읽는 여러분들 모두, 그런 멋진 공동체를 하나둘 만들어 나가는 지혜로운 미래 인재가 되기를 기대합니다.

이지애 드림
(이화여대 철학과 부교수, 한국 철학교육 학회 회장)

초등 첫 인문철학왕
이렇게 활용하세요!

생각 실험

생각 실험은 어떤 사실을 알기 위해 여러 가지 실험과 사례를 연구하는 것이에요. 철학이나 자연 과학 분야 등에서 널리 사용되는 방법이에요. 권마다 주제에 관련된 실험, 유명한 인물의 사례 등을 읽으며 상상력과 문제 해결력을 키워 보세요.

만화 & 동화

인문 철학 주제별로 아이들의 생활 세계 속 이야기, 패러디 동화 등이 다양하게 펼쳐져요. 처음과 중간은 만화, 본문은 그림 동화로 되어 있어서, 재미난 이야기에 푹 빠질 수 있어요.

인문철학왕되기

오랫동안 어린이들과 함께 철학 수업을 연구하고 진행해 온 한국 철학교육연구원 소속 교수와 연구진들이 집필했어요.

소쌤의 철학 특강, 인문 특강, 창의 특강으로 구성되었어요. 주제와 이야기 안에 숨겨진 철학적 문제들에 대해 함께 답을 찾아갈 수 있도록 깊이 있는 토론과 특강, 그리고 재미있는 활동으로 구성되었어요.

난 질문하는 **소크라테스**! 문제를 해결할 수 있도록 도와주지!

난 **뭉치**. 같이 생각하고 토론하지!

난 늘 창의적인 **새롬**이!

난 생각이 깊은 **지혜**!

교과 연계

각 권마다 최신 개정 교과서 단원과 연계되어 교과 학습에 도움이 되도록 구성되었어요. 권별로 확인하세요.

이 책의 차례

추천사	4
구성과 활용	6

생각 실험 지구의 허파, 아마존은 사라질까? ········ 10

만화 우리가 편할수록 지구는…… ········ 20

사과 대신 망고 ········ 22
- **인문철학왕되기1** 플라스틱이 뭘까?
- **소쌤의 인문 특강** 플라스틱, 누가 만든 걸까요?

지구가 아픈 건 우리 잘못이 아니잖아요 ········ 40
- **인문철학왕되기2** 플라스틱이 문제라고?
- **소쌤의 인문 특강** 플라스틱은 어떤 위험성이 있을까요?

| 만화 | **심각한 지구 온난화** | 60 |

플라스틱 게임   66
- 인문철학왕되기3   플라스틱을 사용하며, 환경도 지킬 방법은 없을까?
- 소쌤의 창의 특강   분해되는 플라스틱이 있을까?

우리 모두의 잘못   86
- 인문철학왕되기4   만일 나라면?
- 탐구활동   재활용품 분리수거

생각실험

지구의 허파, 아마존은 사라질까?

2019년 7월 아마존에서 큰불이 났어요.
불은 아마존 곳곳에서 1년째 계속되었어요.
재규어, 악어, 새들도 불길을 피하지 못했어요.
불이 꺼진 자리에는 죽은 동물들만 남았어요.
우주에서도 붉게 보일 정도로 아마존 불은
그 피해가 매우 컸어요.

아마존은 열대 우림 지역으로 남미 8개 나라에 걸쳐 있어요.
지구 산소의 20%를 만들어 내고 있어서 지구의 허파라고 불려요.
아마존은 지구상에 가장 다양한 동물이 사는 곳이에요.
아마존 불은 농지 개간, 벌채, 채굴을 위해
사람들이 일부러 낸 불에서 시작되었어요.
작은 일에서 시작되었지만 이제 불을 끄는 것조차 어려워졌어요.

브라질 사람들 일부는 경제 발전을 위해
아마존을 개발할 수밖에 없다고 해요.
아마존에 광산을 만들거나 농지, 목장을 만들기 위해
화재는 계속 늘어나고 있어요.
숲이 타면서 나오는 자욱한 연기에는 탄소가 가득해요.
탄소가 많아지면 지구 온난화로 기후 변화가 심해집니다.
세계 환경 단체들은 아마존 밀림을 지키고자 목소리를 높여요.

아름답고 울창한 열대 우림 아마존은 사라지고,
그곳에 사는 동식물은 죽어 갑니다.
우리는 아마존과 멀리 떨어져 살아서 괜찮을까요?
아마존을 터전으로 살아가는 원주민은 어디로 갈까요?

여러분은 아마존 개발에 찬성하나요? 반대하나요?

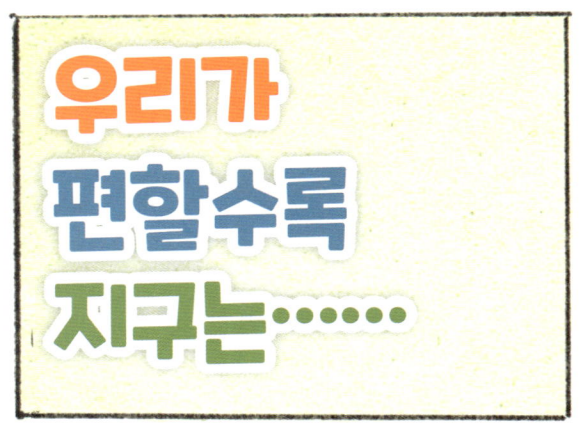

 **사과 대신 망고**

"웬 택배?"

현관 앞에 꽤 큰 상자가 있었어요.

"뭐지?"

연두는 고개를 갸웃거리며 상자를 보았어요. 보내는 사람에 할아버지 이름이 써 있었어요. 연두는 현관문을 열고, 상자를 안으로 밀어 넣었어요. 상자에 뭐가 들었는지, 너무 무거워 한 번에 옮길 수가 없었어요.

"휴, 무지 무겁네!"

연두는 땀을 닦으며 소파에 몸을 기댔어요. 9월로 달이 바뀌었지만, 낮에는 아직 더웠어요. 에어컨을 켜고 싶었지만, 엄마 잔소리가 귓가에서 앵앵거렸어요.

연두는 소파에 앉아 엄마한테 전화를 걸었어요. 엄마는 일이 바쁜지 전화를 늦게 받았어요.
"엄마, 할아버지가 택배 보내셨어."
"그래, 연락받았어. 네가 좋아하는 망고야. 저녁에 먹을 거 몇 개만 냉장실에 넣어 둬. 아빠 오시기 전에 먼저 먹지 말고. 연두야, 알았지?"

"망고! 진짜 망고야? 상자 엄청 크던데."

망고라는 말에 입이 다물어지지 않았어요. 비싼 망고를 할아버지가 한 상자나 보내 주셨거든요. 연두는 조심스럽게 상자를 열었어요. 애플망고였어요. 사과와 색깔이 닮았지만, 사과보다 길쭉했어요. 상자 속에서 달콤한 향기가 났어요. 침을 꼴딱꼴딱 삼키며 애플망고를 꺼냈어요.

"달걀도 아니고 망고가 왜 판에 담겨 있지?"

눈앞에 망고가 있었지만, 먹을 수 없다는 게 너무 아쉬웠어요. 망고가 계란판 같은 곳에 하나씩 담겨 있었거든요. 두꺼운 종이 밑에도 망고가 있었어요. 위아래 15개씩 모두 30개였어요.

연두는 침을 꼴깍 삼키고 할아버지에게 전화했어요.

"할아버지, 저 연두예요."

"우리 공주님, 잘 있었어요?"

연두는 감사 인사하며 할아버지 안부를 물었어요. 할아버지는 요즘 망고 농사를 짓는다고 말했어요.

"할아버지, 망고는 언제 심으셨어요? 지난번에 사과나무 키우셨잖아요."

"그래, 맞다."

할아버지가 사과나무를 뽑고, 애플망고를 심은 이야기를 했어요. 과수원에 온실을 짓고 애플망고를 삼백 그루나 심었대요. 우리나라 기후가 예전 같지 않아 사과가 잘 자라지 않았대요.

"진짜요? 망고 나무 보고 싶어요. 할아버지 댁에 놀러 갈게요."

"그래, 그래."

할아버지가 말하며 거친 숨을 내쉬었어요. 온실 안이 너무 더워 숨을 제대로 쉴 수 없대요.

"할아버지, 더우시면 에어컨 켜세요."

"허허! 일부러 덥게 만든 온실인데 에어컨을 켜면 안 되지."

연두는 할아버지를 이해할 수 없었어요. 너무 더워 숨이 막힐 정도면, 에어컨을 켜야 하잖아요. 연두는 전화를 끊고 생각했어요. 그러다 피식 웃으며 일어났어요.

"엄마가 에어컨을 자꾸 켜지 말라고 하는 이유를 알았어. 콩 심은 데 콩 나고 팥 심은 데 팥 난다고, 엄마가 할아버지를 닮았네."

저녁을 먹으면서도 망고 이야기를 했어요.

"우리나라에서 바나나 키운다는 얘기는 들었어도, 망고는 키운다는 건 처음인데……. 이상 기후라더니 우리나라도 기후

가 변한 것 같아."

아빠가 말하면서도 의외라는 듯 고개를 갸웃거렸어요.

"예전에는 입추 지나면, 선선한 바람이 불었잖아요. 요즈음에는 입추가 지나도 더울 때가 많아요."

엄마가 맞장구치며 자리에서 일어났어요. 엄마는 냉장고 문을 열어 망고 하나를 꺼냈어요.

"엄마, 사람이 몇 명인데, 하나만 꺼내요?"

연두가 입술을 내밀며 뾰로통한 표정을 지었어요.

"그래, 하나만 더 꺼냅시다. 빨리 안 먹으면, 나중에 물러서 못 먹을 수 있어요."

아빠가 연두를 보며 한쪽 눈을 찡긋했어요. 그러고는 거실 소파 위에 있는 리모컨을 잡았어요.

"오늘은 무슨 경기를 볼까?"

돌리는 채널마다 올림픽 경기를 중계했어요. 엄마가 거실로 망고를 가져왔어요.

"오늘 여자 배구 8강전 있잖아요."

"아, 맞다. 오늘 한일전이지."

채널을 돌리다가 뉴스에서 태풍 소식이 나왔어요.

"잠깐만, 가만히 좀 놔둬 봐요."

엄마가 귀를 쫑긋 세우며 뉴스를 들었어요. 뉴스 진행자가 가을 태풍이 무섭다고 말했어요. 지구 온난화에 따른 이상 기후 때문에 한반도에 이런 태풍이 또 올 수 있다고 얘기했어요.

엄마는 태풍의 경로가 나올 때까지 꼼짝하지 않았어요. 태풍은 제주도에서 동쪽으로 틀어 일본 쪽으로 빠져나갈 거라고 예보했어요.

"휴! 다행이야. 은행에서 대출받아 온실을 지으셨다는데 태풍이 오면 큰일이지."

"이상 기후 때문에 또 태풍이 올 수 있다니……, 걱정이네, 걱정이야."

아빠는 눈살을 찌푸리며 뉴스를 들었어요.

"맞아. 할아버지가 힘들게 농사지으셨는데, 태풍이 와서 망고가 다 떨어지면 안 돼. 내가 갈 때까지 망고가 무사해야 해. 내가 얼마나 망고를 좋아하는데……"

연두 얘기에 엄마 아빠가 어이없다는 듯 고개를 설레설레 흔들었어요. 두 사람은 태풍 때문에 온실이 날아갈까 봐 마음을 졸였

는데, 연두는 망고를 못 먹을까 봐 걱정했거든요.

'이게 아닌가?'

엄마 아빠가 이상한 표정을 지으며 자기를 보는 게 이상했어요. 연두는 입술을 뾰족 내밀며 뉴스 진행자가 한 말을 떠올렸어요. 그러고 보니 엄마 아빠도 비슷한 얘기를 자주 했어요. 매일 하늘을 봐도 똑같은데, 왜 자꾸 기후가 변했다고 말하는지 알 수 없었어요.

아빠가 채널을 돌렸어요. 여자 배구 5세트가 거의 끝날 무렵이었어요. 점수는 24대 24, 이번 세트를 지면 탈락이었어요. 아빠가 망고를 먹으며 우리나라 팀을 힘차게 응원했어요.

"그래, 그렇지!"

목청을 높이며 주먹을 꽉 쥐었어요.

"듀스! 이번에는 한국 팀 공격입니다."

사회자가 흥분한 듯 목소리가 빨라졌어요.

"와!"

아빠도 동시에 소리치며 자리에서 벌떡 앉았다 일어났어요. 연두는 아빠 표정과 행동을 보며 웃음이 나왔어요. 조금 전까지 아빠는 태풍 때문에 슬픈 표정을 지었거든요.

"아빠, 뭐 물어볼 게 있는데."

"잠, 잠깐만. 이번 세트 곧 끝나거든."

"쳇!"

연두는 엄마가 깎아 놓은 망고를 집었어요. 입안에서 사르르 녹으며 달콤한 맛이 온몸으로 퍼졌어요.

"아빠, 망고 드세요."

아빠는 듣지 못한 듯 망고를 쳐다보지도 않았어요. 연두는 흐뭇하게 웃으며 여유롭게 망고를 입에 넣었어요.

이길 듯 질 듯 몇 번이나 공이 이쪽저쪽으로 옮겨 다니다가 멋진 마무리로 경기가 끝났어요.

"우리 대한민국 여자 배구 팀이 해냈습니다."

"와! 이제 4강이다."

사회자와 아빠가 흥분한 듯 동시에 소리쳤어요. 아파트 이쪽저쪽에서 메아리가 울려 퍼졌어요.

"이제 망고 좀 먹어 볼까?"

아빠가 해맑게 웃으며 접시를 보았어요.

접시는 텅 비어 있었어요. 아빠가 연두를 보았어요.

"제가 아빠한테 망고 드시라고 분명히 얘기했거든요."

"아까 뭐라고 하는 것 같던데, 그게 망고 먹으라는 얘기였어? 배구 본다고 망고는 생각도 못 했네. 여보 작은 거로 딱 하나만 먹읍시다."

"작은 게 어딨어요. 다 똑같지."

엄마가 웃으며 일어났어요.

"아빠, 궁금한 게 있어요. 물어봐도 돼요?"

연두가 눈을 동그랗게 뜨며 이상 기후에 관해 질문했어요.

"아빠, 날마다 하늘을 봐도 하늘은 똑같아요. 작년, 재작년을 생각해 봐도 날씨가 그대로인 것 같은데, 어른들은 왜 자꾸 기후가 이상하다, 변했다고 얘기하죠?"

아빠가 잠시 머뭇거렸어요. 어떻게 하면 더 쉽게 이야기할까 고민한 거예요. 9살짜리 아이에게 지구 온난화에 대해 설명하는 것이 조금 어려울 수 있었거든요.

"지구 온난화는 지구를 덮은 공기, 즉 대기 온도가 올라갔다는 뜻이야. 100년 동안 약 1도 정도 올랐거든."

"겨우 1도요?"

아빠는 지구 온도 변화에 대해 다시 설명했어요. 지금까지 지구 온도가 가장 빠르게 올랐을 때가 바로 빙하가 녹던 시기였어요. 1만 년 동안 4도가 올랐고, 남극과 북극을 뺀 대부분 지역에서 얼음이 사라졌어요.

"속도로 치면 25배나 빨라. 뛰다 넘어지는 거랑 달리는 열차에서 뛰어내리는 것을 생각해 봐. 생각만 해도 너무 끔찍하지? 지금 지구가 그런 상태란다."

"그 정도로 심각해요?"

연두는 조금 놀란 듯 입을 크게 벌렸어요.

"지구는 지금 아주 심각한 상태야. 우리는 당장 몸으로 느낄 수 없어서 속도가 아주 늦다고 착각하지. 아빠가 어릴 때, 날씨가 이렇게 덥진 않았어."

"진짜요? 그래서 할아버지가 사과를 모두 뽑고 망고 농사를 시작하신 거예요?"

"맞아. 온실 효과 때문에 지구 온도가 높아진 거야."

"온실 효과요? 할아버지도 온실에서 망고 키운다고 하셨는데."

아빠가 온실 효과에 대해 설명했어요. 메탄, 이산화 탄소 같은 기체가 하늘에 머물러 있으면, 열을 차단해서 유리 온실처럼 공기를 따뜻하게 만든대요. 메탄, 이산화 탄소 같은 온실가스가 유리 역할을 하는 거예요.

"온실가스는 또 뭐예요?"

"하늘 위에 머무는 나쁜 기체야. 석탄을 태우는 화력 발전소에서도 나오고, 석유를 연료로 쓰는 자동차에서도 나와."

아빠 설명에 연두는 조금 이상한 듯 고개를 좌우로 흔들었어요.

공장과 자동차는 도시에 많은데 할아버지 농장 같은 시골까지 따뜻해지는 이유가 궁금했어요.

"하늘은 하나로 연결되어 있잖아. 온실가스가 하늘로 올라가 높은 곳에서 투명하게 막을 치는 거지."

"아빠, 기온이 올라가면 여름에는 더 덥겠지만, 겨울에는 보일러 안 틀어도 되고 좋잖아요. 꼭 나쁜 것만 있는 건 아닌 것 같은데요? 설마 겨울에 에어컨을 틀어야 하나? 더운 건 딱 질색인데?"

"너 혼자 있을 때 에어컨 틀었지?"

엄마가 망고를 깎다가 말고 연두를 흘겨봤어요.

"안, 안 켰어요. 저 숙제하러 가요. 논술 숙제 해야 해요."

연두가 조금 놀라며 자리에서 일어났어요.

"어딜 들어가? 아빠랑 재활용 쓰레기 버리러 가야지."

아빠가 얼른 망고를 먹고 베란다에서 재활용 쓰레기를 챙겼어요. 연두는 아빠와 함께 도망치듯 집에서 나왔어요.

"우리 쓰레기 버리고 아이스크림 사 먹으러 갈까?"

"네, 좋아요!"

플라스틱이 뭘까?

플라스틱은 오랫동안 썩지 않는다는 게 사실인가요?

너희는 플라스틱에 대해 어떻게 생각하니?

우리가 쓰는 물건 중에 플라스틱이 사용되지 않은 게 거의 없는 거 같아요.

내가 입은 옷에도 미세 플라스틱이 들어 있대요.

우리가 계속 플라스틱을 쓰면 앞으로 지구의 환경은 어떻게 될까요?

플라스틱은 값이 싸고 가벼우며, 모양도 변형이 가능해서 꿈의 소재라고 불렸어. 그러나 500년이 지나도 썩지 않는 플라스틱은 더 이상 꿈의 소재가 아니라 지구를 괴롭히고, 환경을 파괴하는 가장 큰 원인이 되고 있단다. 플라스틱, 어떻게 해야 할까?

재활용하려고 노력해야 해요.

가능한 안 써야겠어요.

플라스틱, 누가 만든 걸까요?

편리하게 사용하는 플라스틱, 지금 우리는 플라스틱이 안 쓰인 곳이 없는 환경에서 살고 있습니다.
플라스틱은 누가, 왜 만든 걸까요?

플라스틱의 어원은 고대 그리스어에서 유래한 플라스티코스라는 단어야. 이는 모양을 바꿀 수 있고 녹여서 본을 뜨는 것이 가능하다는 뜻이지.
플라스틱을 처음 만들게 된 계기는 당구공 때문이야.
당구공은 처음에 코끼리 상아로 만들었는데 그러다 보니 가격도 비싸고, 많은 코끼리들이 희생당했지.
그래서 당구공을 만드는 회사에서 이벤트를 했어. 코끼리 상아가 아닌 다른 걸로 당구공을 만들어 오면 1만 달러라는 큰 상금을 주는 이벤트였어.

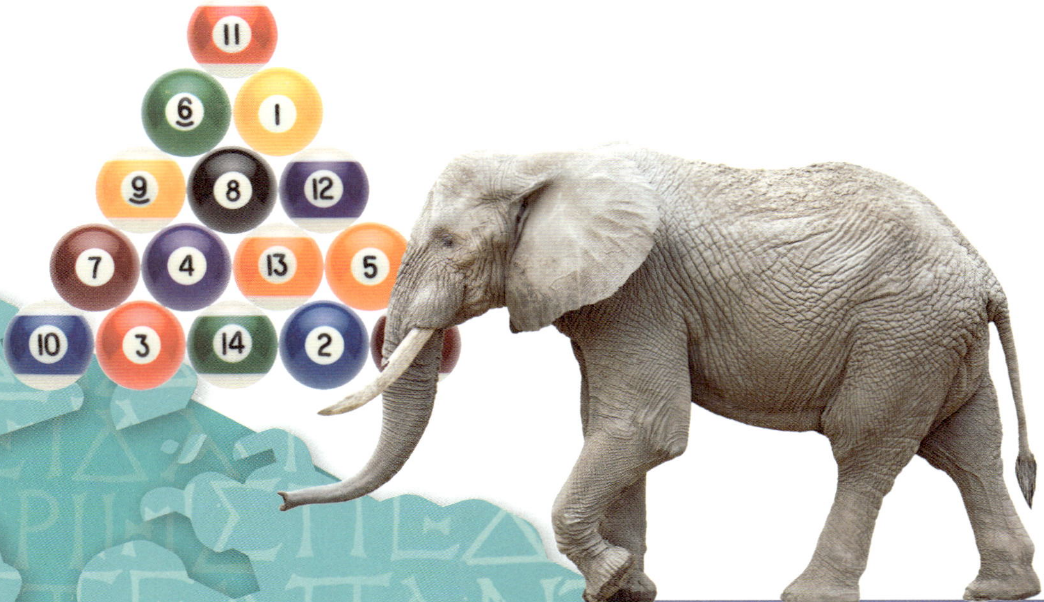

미국의 발명가 존 하이어트는 가능한 재료를 찾느라 골몰했어. 하이어트는 우연히 캠퍼 팅크를 질산 섬유소에 넣었더니 녹는 것을 알아냈어. **이것이 플라스틱의 시조 격인 셀룰로이드야.**

이 물질은 열을 가함에 따라 모양이 변했어. 게다가 시간이 지나면 그 모양에 맞게 단단하게 굳어서 다양하게 활용할 수 있는 장점이 있었어.

이 플라스틱은 새로운 발견이었지만 당구공으로 사용할 수는 없었어. 대신 안경테나 단추 등에 사용했지. 이 새로운 물질에 사람들은 열광했고, 기적의 발명품으로 여겼어. 더 많은 사람들이 플라스틱을 연구했고 이제 우리 생활에 플라스틱이 아닌 걸 찾아보기 힘들 만큼 플라스틱은 우리 삶과 밀착되었단다.

플라스틱 제품들

플라스틱은 이제 환경 오염의 원인이야.

지구가 아픈 건 우리 잘못이 아니잖아요

급식을 먹었지만, 아이들은 운동장에 나가지 않았어요. 교실 뒤편에 끼리끼리 모여 딱지치기와 공기놀이를 하며 놀았거든요. 요즘 텔레비전에서 딱지치기와 공기놀이로 승부를 내고, 이기는 사람이 노래하는 방송이 인기였어요. 방송 탓인지 아이들은 딱지치기, 공기놀이하며 시간을 보냈어요.

"야, 이쪽으로 넘어 오지 마! 우리가 이만큼 양보했잖아!"

보배가 얼굴을 찌푸리며 선을 가리켰어요.

"미안 미안, 딱지 칠 때마다 자리가 바뀌어 어쩔 수 없어."

민기가 어색하게 웃으며 슬쩍 발을 뺐어요.

"한 번만 더 넘어오면 가만 안 둔다."

보배가 주먹을 쥐며 민기를 노려봤어요. 민기가 금을 넘어 보배를 치는 바람에 공깃돌 두 개가 바닥으로 툭 떨어졌어요. 공기놀이는 마지막 꺾기 할 때, 손등에 공깃돌을 많이 올려야 점수를 더 얻을 수 있거든요.

얼마 지나지 않아 민기가 또 선을 넘었어요. 연두는 보배가 꺾기에 실패할까 봐 민기를 손으로 밀었어요. 민기는 화가 났지만, 어쩔 수 없었어요. 한 번만 더 선을 넘어가면, 보배와 연두가 동시에 싸움닭처럼 덤벼들 것 같았거든요.

"하하하! 이제 나의 공격을 받아라!"

연두의 우렁찬 목소리와 함께 민기의 슈퍼믹스딱지가 뒤로 발라당 넘어갔어요. 민기가 큰마음 먹고 2주 동안 용돈을 모아 산 딱지가 순식간에 사라졌어요.

"앗싸! 슈퍼믹스딱지다!"

연두는 딱지를 손에 들고 엉덩이를 흔들며 춤을 췄어요. 민기는 속상했어요. 딱지 치고 싶은 마음이 순식간에 사라졌어요.

"나 그만할래."

민기는 씩씩거리며 연두를 쳐다봤어요. 연두가 혀를 날름 내밀며 약 올렸어요.

"저게!"

민기는 숨을 크게 내쉬며 마음을 다잡았어요. 잘못 건드렸다가는 연두와 보배의 잔소리 폭탄에 귀청이 날아갈 수 있거든요.

민기 어깨가 축 내려앉았어요. 힘없이 걷다가 자리에 앉았어요. 아이들이 끼리끼리 모여 깔깔 웃으며 수다를 떨었어요. 얼핏 들어 보니, 어제 열린 여자 배구 4강전 경기 얘기였어요.

'기분도 꿀꿀한데, 배구 얘기나 들어 볼까?'

민기는 슬그머니 옆에 자리를 잡았어요.

"너무 아쉬워. 지난 8강전처럼 이번에도 마지막 세트까지 힘들게 갔는데……."

"맞아 맞아. 근데 터키 팀 너무 잘하더라."

배구 얘기가 조금 시들해지자, 몇몇 아이가 자기 자리로 돌아갔어요. 공기놀이하던 여자아이들도 일어나 자리에 앉았어요.

민기는 어제 뉴스에서 봤던 부산 마린시티 얘기를 꺼냈어요.

"바다 위에 떠 있는 도시 말이지. 나도 봤어. 예상도를 보여 주던데, 우리가 상상하던 그런 도시였어."

연두도 마린시티 얘기가 흥미로웠어요. 다른 아이들도 머릿속에 마린시티를 그려 보며 만화에서 본 얘기를 덧붙였어요. 민기 머릿속에 뭔가 번쩍 스치며 지나갔어요.

민기가 피식 웃으며 연두와 보배를 번갈아 보았어요. 어제 뉴스를 볼 때, 아빠에게 마린시티에 관해 질문하면서 알게 된 사실이 몇 개 있었거든요.

민기는 연두가 들으라는 듯 목소리를 높여 얘기했어요.

"야, 너희 바다 위에 마린시티를 왜 짓는지 알아?"

"글쎄, 왜 바다 위에 도시를 짓는 걸까?"

민기 옆에 있는 아이가 고개를 갸웃거리며 얘기했어요. 민기는

우쭐거리며 이유를 설명했어요. 지구 온난화 때문에 남극 빙하와 바다 위에 떠 있는 얼음이 녹아서 바다가 높아지면 낮은 곳이 물에 잠긴다고 얘기했어요. 모두 아빠에게 들은 얘기였어요. 민기는 곁눈질로 연두를 살폈어요. 연두는 아무렇지도 않은 듯 딴 곳을 바라봤어요.

"그럼, 부산이?"

"맞아. 부산, 인천처럼 낮은 곳에 있는 도시가 위험하대."

민기 얘기는 여기서 끝나지 않았어요.

"지구 온난화는 왜 일어나는지 알아?"

초등학교 2학년이 지구 온난화에 대해 알 턱이 없잖아요.

민기는 싱글벙글 웃으며 아이들을 살피다가 보배와 눈이 마주쳤어요. 조금 전, 잃은 슈퍼믹스딱지가 생각났어요. 연두와 보배가 아니었다면, 딱지를 잃지 않았을 거라는 생각이 들었어요.

"보배야, 지구 온난화가 왜 일어나는지 아니?"

민기는 부러 담담한 표정을 지으며 보배를 물끄러미 쳐다봤어요. 연두가 콧방귀를 끼면서 민기를 보았어요.

"그거야, 공장 굴뚝에서 나오는 연기랑 자동차에서 나오는 배기가스 때문에 지구가 더워지는 거잖아."

연두가 그것도 모르냐는 듯 말을 끝내고 입술을 툭 내밀었어요. 민기는 당황했어요. 자기가 할 말을 연두가 먼저 해 버렸거든요.

"아닌데, 소 방귀 때문에 지구 온난화가 일어났거든."

민기는 검지를 세워 흔들면서 약을 실실 올렸어요.

"아니, 내 말이 맞거든."

연두 목소리가 조금 올라갔어요. 며칠 전, 연두도 아빠한테 지구 온난화에 관해 물어봤거든요. 하지만 주변 아이들이 웅성거리는 바람에 연두 목소리가 묻히고 말았어요.

"진짜, 소 방귀 때문이라고?"

"그래, 소 트림과 방귀 때문에 지구 온난화가 일어나는 거야."

"아니거든."

연두가 목청을 높이며 민기를 노려봤어요.

담임 선생님이 교실로 들어오다가, 둘이 하는 얘기를 모두 듣고는 빙그레 웃었어요.

"방금, 연두랑 민기랑 하는 얘기 들었어. 두 사람 얘기 모두 맞는 말이야. 너희들이 이렇게까지 환경에 대해 관심이 있는 줄 몰랐어. 그래서 말인데, 이번 시간에는 환경을 주제로 공부해 보자."

선생님이 차분하게 얘기한 뒤, 책상에 앉아서 컴퓨터를 켜고 자료를 찾았어요.

"자, 지구 온난화에 관한 동영상을 먼저 보고, 서로 느낀 점을 말해 볼 거야."

선생님이 말을 끝내고, 칠판 앞에 있는 모니터를 켰어요.

잔잔한 음악이 흐르면서 우거진 숲이 나왔어요. 파란 지구가 방긋 웃었어요. 갑자기 하늘이 어두워지고 번개가 번쩍이더니 천둥이 내리쳤어요. 불도저와 굴착기가 지나가며 숲을 파헤치기 시작했어요. 평평한 땅이 만들어지고, 사람들이 몰려와 집을 짓기 시작했지요. 여기저기에서 아파트가 쑥쑥 올라오자, 아래쪽에서 웃던 파란 지구가 빨갛게 변하며 아픈 듯 눈물을 뚝뚝 흘렸어요.

"선생님, 지구가 아픈가 봐요. 너무 슬퍼요."

"그래. 다음 영상도 있으니, 조금만 더 보자."

연기가 솔솔 피어오르자, 숲속 동물들이 놀란 듯 어디론가 달아났어요. 큰불이 무섭게 숲을 삼키고 동물들이 하나둘 쓰러졌어요. 밤이 되고 다시 아침이 되었어요. 사람들이 웃으며 나타나 넓은 공터에 씨를 뿌렸어요.

봄, 여름, 가을, 겨울이 빠르게 지나가고 다시 봄이 찾아왔어요. 공터에 파릇파릇 풀이 자라자, 사람들이 풀밭에 소를 풀어 놓았어요.

경쾌한 음악이 흐르고, 계절이 다시 빠르게 바뀌었어요. 사람들이 트럭에 소를 실었어요. 많은 사람이 소고기를 먹으며 행복한

표정을 지었어요. 하지만 파란 지구는 괴로워하며 빨갛게 변했어요. 지구는 식은땀을 계속 흘리다가 비명을 지르고 쓰러졌어요.

"여러분, 너무 슬픈 내용이죠? 우리 인간이 지구를 얼마나 괴롭히는지 알려 주는 영상이에요."

선생님은 동영상에 대한 간단한 소개가 끝난 뒤, 지구 온난화에 대해 설명했어요. 모두 인간의 욕심 때문에 벌어진 일이었어요. 숲을 파괴하여 집을 짓고, 대량으로 가축을 기르고, 따뜻하고 시원하게 살기 위해 난방기와 에어컨을 개발한 모든 일이 지구를 괴롭히는 일이었어요.

"방금 얘기했던 이런 행동을 할 때 온실가스가 나와요. 그래서 지구가 더워지는 거예요. 기온이 올라가면, 좋은 점보다 나쁜 점이 훨씬 더 많아요. 기온이 올라가면, 얼음이 녹아 바닷물이 많아져요. 바닷물이 늘어나 낮은 곳으로 넘쳐흐르면 바닷가 도시가 물에 잠겨요."

"정말요! 그래서 어제 뉴스에 마린시티가 나왔구나."

몇몇 아이가 고개를 끄덕이며 혼잣말했어요.

"또 있지. 바다에 물이 많아지면, 수증기가 늘어나 태풍이 더 자주 발생해요."

선생님은 여기서 설명을 끝내며, 영상에 대한 소감을 물었어요. 손을 든 몇몇 아이들이 차례로 얘기했어요.

"맞는 것 같기도 하고, 아닌 것 같기도 하고 잘 모르겠어요."

"진짜라면, 너무 슬퍼요."

선생님이 아이들 얘기를 들으며 창문 쪽으로 천천히 걸어갔어요.

"얘들아, 저기를 한번 볼래?"

선생님은 손끝으로 연두가 사는 아파트 단지를 가리켰어요.

"저곳은 원래 숲이었어. 사람들이 나무를 베고 산을 밀어 아파트를 지었지. 사람들은 집을 얻었지만, 산소를 만들어 주는 숲이 사라졌어."

아이들은 귀를 쫑긋 세우며 선생님 이야기를 들었어요. 지금 봤던 동영상 내용 모두 바로 눈앞에서 벌어진 일같이 느껴졌거든요.

"전기를 만들 때 석탄이나 석유를 태워 발전기를 돌려야 해. 이런 연료를 태우면 온실가스가 나오지."

인간의 많은 행동에 온실가스가 따라다녔어요. 자동차를 타고 움직일 때, 과자를 봉지에 담을 때, 휴대폰으로 게임을 할 때도 온실가스가 나왔어요.

"이제 지구가 아프단다. 땅속에 있어야 할 석탄, 석유를 밖으로 꺼내 쓰기 때문이지. 너희도 가만히 있는데, 뾰족한 것으로 살을 파면 아프잖아. 한 번도 아니고 쉬지 않고 판다고 생각해 봐. 병이 안 생기겠어?"

선생님은 지구도 사람 몸과 똑같다고 얘기했어요. 사람이 아프면, 몸에 열이 나고 배가 아프고 설사를 하잖아요. 지구도 아프면 열이 나고 태풍, 가뭄, 불볕더위 같은 증세가 나타난다고요.

"지금 지구는 많이 아파. 우리 모두 힘을 합쳐 지구가 다시 나을 수 있도록 노력해야 해."

"어떻게 노력해야 해요?"

"음, 우리 삶에서 '더 많이', '더 편하게' 같은 말만 없애도 지구가 더 건강해질 것 같구나."

"그러면 덜하고, 덜 먹고처럼 '더' 대신 '덜'을 쓰면 되겠네요."

연두가 알겠다는 듯 고개를 끄덕이며 얘기했어요.

"선생님, 지구가 아픈 건 모두 어른 잘못이잖아요. 우리는 잘못이 없는 것 같아요."

민기가 조금 불만이 있는 듯 말을 하면서도 표정이 어두웠어요.

"음, 너희도 똑같이 잘못하고 있을걸?"

"아니에요. 저희는 잘못이 없어요."

"좋아. 그러면 너희가 얼마나 잘못하고 있는지 알기 위한 숙제를 하나 낼게. 생각보다 어려운 숙제니까 성공한 사람에게 선물을 쏠게. 어때?"

선생님은 밝은 목소리로 얘기하며 칠판에 큰 글씨로 '플라스틱 게임'이라고 적었어요.

"자, 게임 규칙 알려 줄게."

규칙은 생각보다 간단했어요. 집에 간 다음부터 자기 전까지 비닐과 플라스틱 제품을 사용하지 않는 거였어요. 방에 불을 켜는 스위치와 걸어 다녀야 하는 바닥만 빼고 말이에요. 게다가 선물은 성공한 사람이 원하는 물건을 준다고 했어요.

"어때? 모두 할 수 있겠어?"

선생님이 경쾌한 목소리로 아이들에게 물어봤어요.

"너무 쉬운데요."

"야호! 선물이 너무 기대돼요."

모두 자신 있는 듯 환한 표정을 지으며 여유롭게 웃었어요.

플라스틱이 문제라고?

플라스틱으로 못 만드는 게 없다는데, 요즘 왜 플라스틱을 쓰지 말자고 하는 걸까요?

플라스틱이 가볍고, 예쁜 것도 많아서 좋은데 왜 그러는지 잘 모르겠어요.

태우면 안 될까? 열을 가하면 녹으니까 태워서 없애는거지.

500년이 지나도 안 썩는다잖아?

정말 썩지 않는 것만 문제일까? 태우면 해결될까?

틸라푸시 쓰레기 처리장

어망에 걸린 바다표범

소쌤의 인문 특강: 플라스틱은 어떤 위험성이 있을까요?

플라스틱은 왜 위험할까요?
우리는 그것에 대해 정말 잘 알고 있을까요?

미세 플라스틱

플라스틱으로 인한 바다 환경 파괴와 생물의 위기

플라스틱은 분해되지 않고 잘게 쪼개져. 그래서 눈에 보이지 않을 만큼 작아져 미세 플라스틱이 되지. 미세 플라스틱은 바닷물에 떠다니며 물고기의 밥이 되고, 생선을 먹는 우리 식탁까지 오게 돼. 그래서 사람도 위험에 노출될 수밖에 없지.

어떤 사람들은 플라스틱을 태우면 되지 않냐고 해. 쓰레기를 태우면 공기가 오염되는데 특히 플라스틱을 태우면 다이옥신이라는 독성 물질이 나와. 다이옥신은 암을 유발하고 성호르몬에 문제가 생기게 하는 무서운 물질이야. 사람들은 빠르고 편리하게 살기 위해서 일회용품을 더 많이 사용하고, 플라스틱 쓰레기들은 아름다운 지구 곳곳에 쌓이고 있단다.

킬리만자로 만년설 변화

킬리만자로 빙하는 산 위에 눈이 오고,

그 눈이 다 녹기 전에 다시 눈이 오기를 반복해서 계속 유지되었어.

눈이 녹았는데 다시 비나 눈이 오지 않으니

킬리만자로 만년설이 채워지지 않았지.

전 세계 이산화 탄소 배출량

2019년 기준으로 전 세계 이산화 탄소 배출량이 가장 많은 국가는 중국이며, 그 다음 미국, 인도, 러시아 순이었어. 우리나라는 세계 9위였지.

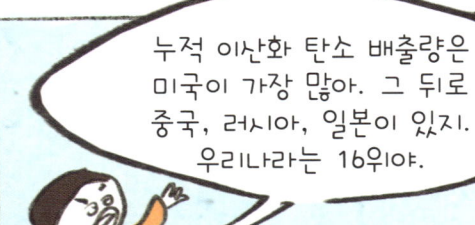

누적 이산화 탄소 배출량은 미국이 가장 많아. 그 뒤로 중국, 러시아, 일본이 있지. 우리나라는 16위야.

우리 상관없겠지?

이 지구 온난화 위기가 투발루만의 문제 같아?

우리나라는 세계 9위야.

지금부터 서둘러도 늦었어.

플라스틱 게임

'무슨 선물이 좋을까?'

민기는 즐겁게 상상하며 걸었어요. 발걸음이 경쾌했어요.

연두와 보배가 아파트 앞 편의점에서 어슬렁거렸어요. 민기는 얼른 몸을 감췄어요. 고개를 살짝 내밀어 조심스럽게 살폈어요.

'왜 쟤들은 빨리 집에 안 들어가고 여기서 얼쩡거리는 거야?'

보배랑 연두도 같은 아파트에 살거든요. 민기는 둘의 모습을 보자, 학교에서 잃은 슈퍼믹스딱지가 생각났어요.

둘이 사라지는 것을 보고 민기는 집으로 향했어요.

"플라스틱 게임 성공해서 슈퍼믹스딱지보다 훨씬 좋은 울트라 슈퍼믹스딱지를 선물로 받아야겠다."

민기는 혼잣말하며 현관 앞까지 천천히 걸었어요. 손을 들어 비밀번호를 누르려다가 잠시 멈칫거렸어요.

출입문 비밀번호 단추가 플라스틱이었어요.

"아, 맞네. 집에 가서 시작하라고 했지."

민기는 씩 웃으며 비밀번호를 꾹꾹 눌렀어요. 가방을 던져 놓고 주방으로 갔어요. 아무 생각 없이 냉장고 문을 열었어요. 안을 보다가 깜짝 놀라 뒤로 물러났어요.

"휴! 다행이다."

냉장고 손잡이는 플라스틱이 아니었어요. 냉장고 안을 다시 살폈어요. 눈에 보이는 게 전부 플라스틱이라고 해도 틀린 말이 아니었어요. 과일 칸도 플라스틱, 주스 병도 플라스틱, 얼음 상자도 플라스틱이었어요.

"생각보다 쉽지 않겠는걸. 작전을 짜야겠다."

민기는 냉장고 문을 닫고 거실로 힘없이 걸어갔어요. 소파에 몸을 기대며 누웠어요. 창 너머 먼 산을 보며 곰곰이 생각했지만, 좋은 방법이 떠오르지 않았어요.

현관문이 열리고, 형이 들어왔어요.

민기는 벌떡 일어났어요. 형을 붙잡고 엄마 아빠가 집에 오기 전까지 도와달라고 부탁했어요.

"뭐! 플라스틱 게임? 재미있겠는데. 알았어. 며칠도 아니고, 오늘 하루인데 내가 도와줄게."

형도 흔쾌히 허락했어요. 한 살 많은 형이지만, 오늘따라 어른처럼 느껴졌어요. 민기는 왕처럼 대접받으며 손 하나 까닥하지 않았어요. 형이 간식을 주고, 필요한 물건도 챙겨 줬어요. 하지만 형과 딱지치기를 할 수 없어 너무 아쉬웠어요. 딱지도 플라스틱이거든요.

한편, 연두는 집 앞에서 허겁지겁 휴대폰 케이스를 벗겼어요.

"휴! 큰일 날 뻔했네."

휴대폰을 자주 만지는데, 케이스가 플라스틱이라는 것을 조금 전에 알았거든요.

집에 들어가자마자 베란다 창문을 열었어요. 시원한 바람이 쑥 밀려 들어왔어요.

"음! 오늘은 좀 시원하네."

베란다에 서서 밖을 쳐다봤어요. 푸른 산이 어우러지며 물결처럼 하늘과 땅을 나누었어요. 바로 아래 시청 건물이 햇빛을 받아 반짝거렸고, 새로 지은 운동장은 웅장한 모습으로 산 중턱에 자리를 턱 잡았어요. 맨 밑에는 크고 작은 아파트가 오밀조밀 키 자랑을 하듯 옹기종기 늘어서 있었어요.

"선생님 말씀이 진짜 맞네."

산을 깎아 집을 짓고 건물을 올렸다는 말이 떠올랐어요. 돌아서는데 뱃속에서 꼬르륵 소리가 났어요. 망고가 먹고 싶었어요.

"그래, 망고. 히히! 망고, 망고, 망망고."

연두는 콧노래를 부르며 주방으로 향했어요. 입안에 군침이 흘렀어요. 그런데 냉장고 문을 보고 깜짝 놀라 제자리에 멈췄어요.

손잡이가 플라스틱이거든요.

"물이나 먹자."

고개를 흔들며 정수기 앞으로 몸을 돌렸어요. 정수기 꼭지도 플라스틱이었어요.

"플라스틱이 이렇게 많아!"

연두는 짜증이 치밀었어요. 배도 고프고 목도 마른데, 먹을 수 있는 게 아무것도 없었어요.

"띠리리링, 띠리링링."

보배 전화였어요. 연두가 힘없이 전화를 받았어요. 보배 목소리도 축 늘어졌어요.

"나는 가자마자 실패했어. 냉장고 문 열다가……."

"나도 냉장고 손잡이 잡을 뻔했어."

"아직 실패 안 했네. 다행이야. 우리 반 아무도 성공하지 못할걸. 내가 도와줄 테니까 너라도 꼭 성공해. 알았지?"

연두는 보배 말에 자신감이 생겼어요. 배고프다는 말에 보배가 물과 간식을 들고 아파트 놀이터에 나왔어요. 둘은 간식을 먹으며 놀이터에서 실컷 놀았어요. 집에 있어 봤자 할 수 있는 일은 아무것도 없었거든요.

해 질 무렵, 보배가 집까지 바래다 줬어요. 도와줄 게 너무 많았어요. 현관 번호키를 누르는 것부터 연두 방까지 곳곳에 플라스틱이 장애물처럼 기다렸어요. 연두는 방에서 보배가 틀어 주고 간 영상을 보았어요.

"연두야, 뭐 해?"

영상 소리가 컸던지, 엄마가 왔는데도 전혀 알지 못했어요.

"엄마, 오셨어요?"

연두가 자리에서 일어나 방긋 웃으며 밖으로 나갔어요. 엄마가 옷을 갈아입고 주방으로 나왔어요. 연두는 목이 말랐어요.

"엄마, 저 물 좀 주면 안 돼요?"

"네가 손이 없니? 직접 떠먹어."

엄마가 장난치듯 눈을 흘겨보다가 식기세척기 속에 있는 그릇을

꺼냈어요. 연두는 엄마에게 플라스틱 게임에 대해 이야기했어요.

"오늘 하루니까 내가 참는다."

엄마는 웃으며 정수기에서 물을 따라 얼음까지 띄워 주었어요.

"근데, 엄마 밥 안 해요?"

"아빠가 치킨 사 오신대. 아빠 올 때까지 공부하고 있어. 필요한 거 있으면 엄마 불러. 오늘은 최선을 다해 네 시중을 들어 줄게."

엄마가 다정하게 얘기했어요. 연두는 기분 좋게 방으로 들어갔어요. 하지만 10초도 지나지 않아 방문을 열었어요.

"엄마, 이것 좀 도와주세요."

연두가 퀭한 눈빛으로 엄마를 바라봤어요.

논술 숙제를 하려면 '동화 나라' 프로그램을 봐야 하는데, 키보드와 마우스가 플라스틱이라 손을 댈 수 없었어요. 엄마가 쪼르르 달려와 프로그램을 실행시켰어요.

"됐지?"

오 분도 지나지 않아 또 위기가 닥쳤어요. 플라스틱 키보드로 글씨를 쳐야 화면이 넘어갔거든요.

"엄마, 조금만 쉬었다 할게요."

연두가 한숨을 쉬면서 방에서 나왔어요. 연두 방에 플라스틱 제품이 너무 많았거든요. 자, 샤프, 모니터, 사인펜, 스피커, 독서대, 휴대폰 충전 케이블까지 온통 플라스틱 제품이었어요.

"엄마, 텔레비전 좀 켜 주세요."

엄마가 텔레비전을 켜주고 갔지만, 채널을 돌릴 수 없어 연두는 답답했어요.

현관문이 열리고, 아빠가 들어왔어요.

"다녀오셨어요."

"네, 아빠 회사 잘 다녀왔습니다. 공주님."

아빠가 환하게 웃으며 치킨을 건넸어요. 평소 같으면 연두가 받아 식탁으로 잽싸게 들고 갔을 거예요. 하지만 오늘은 조금 떨어진 곳에서 멀뚱멀뚱 살펴보며 손도 내밀지 않았어요.

"우리 공주님 표정이……, 무슨 일 있어?"

엄마가 연두 대신 이유를 설명했어요.

"그래서 우리 공주님 기분이 축 처졌구나! 빨리 옷 갈아입고, 씻고 올 테니까 조금만 기다려."

연두는 치킨을 먹으면서도 콜라와 치킨 무에 손대지 않았어요. 모두 플라스틱 용기에 담겨 있었거든요.

"엄마, 물 좀 주세요. 얼음 넣어서요."

엄마는 두말없이 유리컵에 물을 담아 주었어요. 아빠가 흐뭇하게 웃으며 연두를 바라보았어요.

"우리 연두, 이번에 환경 공부 제대로 하네."

"이게 무슨 공부예요. 고통이지."

연두는 닭 날개를 뜯으면서 고개를 세차게 흔들었어요.

"책 보고, 외우는 것만 공부가 아니야. 몸으로 실천하며 느끼는 게 진짜 공부지. 내가 보기에는 우리 연두가 환경 문제에 대해 확실하게 공부하겠는걸?"

"생각보다 힘들어요. 우리 주변에 플라스틱이 이렇게나 많이 있다는 걸 온몸으로 느꼈어요."

"맞아. 모두 인간이 편하게 살자고 만든 물건이 아니겠어."

아빠가 플라스틱이 왜 나쁜지 설명했어요.

플라스틱은 만들 때부터 온실가스와 유해 물질이 나왔어요. 게다가 땅에 묻어도 잘 썩지 않았어요. 특히, 바다에 버리는 플라스틱 쓰레기가 문제라고 강조했어요.

"정말요!"

아빠가 북태평양에 떠 있는 어마어마한 쓰레기 섬 이야기를 해 주었어요.

"얼마나 크길래 어마어마하다는 거예요."

"한반도의 14배나 된대."

"진짜요?"

연두는 너무 놀라 몸이 얼어붙은 듯 꼼짝도 하지 않았어요.

"문제는 이것으로 끝나는 게 아니야."

"또 있어요?"

연두가 눈을 동그랗게 떴어요.

아빠는 연두에게 바다에 떠다니는 플라스틱이 사람에게 얼마나 위험한지 알려 줬어요. 플라스틱은 바다에 떠다니다 파도와 물살에 부딪혀 잘게 쪼개져요. 눈에 보이지도 않을 만큼 아주 작아져요. 이것을 플랑크톤이 먹고, 플랑크톤을 다시 조개나 물고기가 먹었어요. 사람이 조개나 물고기를 먹게 되면, 결국 플라스틱을 먹게 되는 셈이었어요.

"제가 좋아하는 조개 속에 플라스틱이 들어 있었다고요?"

"그래, 아주 적은 양이지만, 우리는 알게 모르게 플라스틱을 먹게 되는 거지."

"너무 끔찍해요. 내가 버린 쓰레기가 다시 내 입으로 들어오는 거라니……."

연두는 지금까지 플라스틱에 대해 나쁘다고 생각한 적이 단 한 번도 없었어요. 하지만

플라스틱 게임을 통해 우리가 얼마나 많은 플라스틱 속에서 살아가는지 깨달았어요.

"아빠, 우리가 플라스틱을 쓰면서 편하게 산 만큼 지구는 고통을 받았을 거예요."

"아이코, 우리 공주님, 벌써 그것까지 깨달은 거야?"

"아빠, 저 심각해요."

엄마 아빠가 조금 놀란 듯 연두를 보며 미소를 지었어요.

치킨을 먹고 난 뒤, 엄마가 망고를 꺼내 왔어요. 아빠가 거실로 가더니 텔레비전을 틀었어요.

"오늘은 올림픽 양궁 결선 맞지?"

아빠가 혼잣말하면서 소파에 앉았어요. 연두는 입을 꾹 다물고 뭔가 고민하듯 제자리에서 꼼짝도 하지 않았어요.

"망고 안 먹어?"

엄마가 거실에서 불렀어요.

"네, 네, 먹어야죠."

연두는 자리에서 천천히 일어나 거실로 걸었어요.

"아빠, 망고 다 먹고 우리 재활용 쓰레기 버리러 가요? 오늘은 제가 정리할게요."

연두 말에 아빠가 조금 놀랐어요.

"뭐? 정리하려면 플라스틱 만져야 하잖니? 플라스틱 게임 벌써 포기한 거야?"

"곰곰이 생각해 보니, 오늘만 플라스틱 안 만지는게 무슨 소용이 있겠어요? 그것도 다 도움받아야 가능한데요. 우리가 플라스틱 없는 세상에 사는 건 불가능해요. 이런 현실에서 살아야 한다면, 이제부터 재활용 쓰레기 분리부터 철저히 하는 게 지구를 정말 사랑하는 방법 같아요. 지금까지 우리가 지구를 많이 괴롭혔잖아요."

연두 말에 아빠는 할 말이 잃은 듯 잠시 아무 말도 못 했어요.

인문철학 왕 되기

① ② **③** ④

플라스틱을 사용하며, 환경도 지킬 방법은 없을까?

많은 과학자들이 분해가 안 되어서 썩지 않는 플라스틱의 문제를 해결하려고 노력하고 있어요.

내가 과학자라면 플라스틱을 썩게 만들 거예요.

오? 그게 가능할까?

그냥 썩기만 하는 건 안 될 것 같아요. 지금 이미 너무 많으니 빨리 사라지게 해야죠.

그런 걸 지금 많은 과학자들이 연구하고 있단다.

외계인이 나타나서 플라스틱을 몽땅 가져간다면?

플라스틱을 다 먹어 치우는 괴물이 나타난다면 좋을 텐데.

분해되는 플라스틱이 있을까?

분해되는 플라스틱이 있을까?
과학자들은 이 생각으로 분해되는 플라스틱을 만들었어. 분해되는 플라스틱은 석유로 만든 플라스틱이 아니라 생물 자원을 이용해 만든 플라스틱으로 분해가 가능하다는 원리야. 다만 시간이 오래 걸리지.

이렇게 분해 가능한 플라스틱을 생분해 플라스틱이라고 해. 생분해 플라스틱은 탄소중립을 지키는 것이 중요해. 환경을 지킨다고 다른 환경을 파괴할 수는 없지.

스스로 분해되는 것 말고도 재미있고 유익한 발견이 있어.
플라스틱을 가져가는 외계인이나 플라스틱만 먹어 치우는 커다란 괴물은 없어. 대신 과학자들은 플라스틱을 먹는 다른 것들을 발견했어.
영국의 생명 공학 엔지니어 사만다 젠킨슨은 플라스틱 스펀지를 먹어 치우는 곰팡이를 발견했어.
영국 에든버러 대학에서는 플라스틱 쓰레기에 대장균을 배양해서 바닐라 향 식품 첨가물로 변신시키는 데 성공했어.
독일과 미국에서도 미생물과 효소들을 이용하여 플라스틱을 분해하는 연구를 계속 하고 있어.

플라스틱을 먹는 벌레

탄소 중립이란?

이산화 탄소를 배출한 만큼 이산화 탄소를 흡수하는 대책을 세워 이산화 탄소의 실질적인 배출량을 '0'으로 만든다는 개념이야. 그러면 지구상에서 이산화 탄소 총량이 증가하지 않게 되지.

우리 모두의 잘못

연두는 일어나 베란다로 갔어요.

"헉! 이렇게 많아!"

연두는 상자에 가득 담긴 재활용 쓰레기를 보고 깜짝 놀랐어요. 아빠가 이삼일에 한 번씩 재활용 쓰레기를 정리해서 버렸거든요. 우유 팩, 유리병, 페트병, 간장병, 과자 봉지, 비닐봉지, 택배 상자까지 종류도 다양했어요. 아빠도 연두를 따라왔어요.

"오늘 선생님 말씀이 딱 맞네요. 우리가 잘 먹고, 잘 살기 위해 사용하는 모든 것이 결국 쓰레기로 돌아오네요."

아빠가 그물처럼 생긴 분리배출망을 펼쳤어요. 연두는 비닐과 플라스틱 쓰레기 상자부터 정리했어요.

"잠깐만, 그건 그냥 버리면 안 돼!"

아빠는 간장병, 식초병, 음료수병을 하나씩 살폈어요. 간장병 속에 간장이 조금 남아 있었어요. 아빠는 물을 넣어 간장병을 깨끗하게 헹궜어요. 그러고는 병에 붙은 비닐 라벨을 뗐어요.

"음, 라벨은 왜 떼요?"

"같은 재료가 아니라서 재활용할 수가 없거든."

아빠는 얘기하면서 옆에 있는 상자를 가져왔어요.

샴푸 통, 과자 봉지, 라면 봉지, 제품 포장지, 비닐봉지, 일회용 도시락이 잡다하게 섞여 있었어요. 아빠는 종류별로 담으며 하나

씩 살폈어요.

"일회용 플라스틱 숟가락이 들어 있네. 이것도 재활용 안 돼."

아빠는 샴푸 통을 빼내고 일회용 도시락에 감긴 비닐 랩을 벗겼어요. 샴푸 통과 비닐 랩은 종류가 다른 플라스틱이라 재활용이 안 되었어요. 재활용이 힘든 플라스틱은 종량제 쓰레기봉투에 넣어 버렸어요.

"아빠, 지구를 건강하게 지키는 방법 쉽지 않네요. 쓰는 것보다 치우는 게 더 어려워요."

아빠가 분리망을 벌리자 연두가 봉지를 모아 안으로 넣었어요.

연두가 손을 탁탁 털며 일어났어요. 하지만 분리망에 담긴 재활용 쓰레기를 보면서 눈이 휘둥그레졌어요. 재활용 쓰레기 분리망이 연두 몸통만큼 컸거든요.

"아빠, 우리 아파트에 총 몇 집이나 살아요?"

"글쎄, 한 동에 입구가 세 곳이고, 이십오 층씩 아홉 동이니까 칠백 가구 좀 안 되네."

"네? 칠백 가구요!"

연두는 가구 수에 놀란 것이 아니었어요. 칠백 가구라면, 자기 몸통만 한 재활용 쓰레기가 자그마치 칠백 개씩 나온다는 뜻이잖

아요.

"민기야, 오늘은 안 도와줄 거니?"

아빠가 베란다에서 민기를 불렀어요. 민기는 잠시 고민했어요. 재활용 쓰레기 치우는 것을 도와주고 매주 용돈을 받았거든요.

"형, 나 대신해 주면 안 돼?"

"오후 내내 도와줬잖아. 이제 숙제해야 한다고."

민기는 플라스틱 게임 덕에 오늘 하루 왕처럼 아주 편하게 지냈어요. 뭐든 말만 하면 형이나 엄마가 도와주었거든요.

"아빠, 오늘은 못 도와드려요. 이번 주 용돈은 포기할게요."

민기가 아쉬운 얼굴로 얘기했어요. 두 시간만 더 버티면 플라스틱 게임도 끝나요. 용돈보다 선물이 크기 때문에 다행히 마음이 놓였어요. 민기는 어슬렁거리며 집안 곳곳을 돌아다녔어요.

"형도 바쁜데, 혼자 뭐하고 놀지?"

민기는 창밖 풍경을 보다가 두 시간을 안전하게 보낼 방법이 생각났어요. 아빠랑 산책하러 갔다 오면 두 시간 정도는 충분히 때울 수 있었거든요.

"아빠, 우리 산책하러 가요!"

"오늘 올림픽 양궁 결승 있잖아. 안 돼!"

"여보, 민기랑 같이 다녀와요. 10시 넘어서 시작한대요."

엄마가 슬쩍 끼어들며 경쾌한 목소리로 말했어요.

"그래? 알았어. 빨리 다녀오자."

"앗싸!"

민기는 엉덩이를 흔들면서 방으로 잽싸게 달려갔어요.

아빠가 분리망을 들고 나가자, 민기는 여유를 부리며 엘리베이터에 올라탔어요. 머릿속에 울트라슈퍼믹스딱지를 떠올렸어요. 테두리에 반짝반짝 빛나는 은색 구슬이 촘촘하게 박혀 있고, 햇빛을 비추면 말랑말랑한 플라스틱 속에 오색찬란한 홀로그램이 영롱한 빛을 뿜어냈어요.

"안 내리고 뭐 해?"

벌써 1층이었어요. 민기는 아빠와 아파트 뒤편으로 걸어갔어요.

"어, 저건!"

가로등 불빛에 영롱하게 빛나는 물체가 있었어요.

"뭐지?"

민기는 갸웃거리며 재활용 쓰레기장 안으로 들어갔어요. 고개를 숙여 쇠로 만든 그물망 너머를 살폈어요. 페트병 사이에서 무지갯빛이 뿜어져 나왔어요.

민기는 두 눈으로 보고도 믿을 수 없었어요. 울트라슈퍼믹스딱지였어요. 그물망 속으로 잽싸게 몸을 구부려 울트라슈퍼믹스딱지를 꺼냈어요. 가로등을 향해 높이 들고 불빛을 비춰 봤어요. 울트라슈퍼믹스딱지가 확실했어요.

"앗싸, 울트라슈퍼믹스!"

민기는 덩실덩실 어깨를 흔들다가 광고 음악을 중얼거리며 울트라슈퍼믹스를 외쳤어요.

"그게 그렇게 좋은 거냐?"

"그럼요. 이게 슈퍼믹스딱지 중에서도 최고 좋은 천하

무적 딱지거든요."

 아빠는 웃으며 민기를 보다가 분리망에서 재활용 쓰레기를 꺼냈어요. 민기는 딱지를 들고 춤을 추며 노래까지 불렀어요.

 "앗!"

 민기가 춤을 추다가 갑자기 멈췄어요. 얼굴이 하얘졌어요. 급하게 고개를 돌리며 주변을 살폈어요.

"내가 플라스틱 딱지 들고 있는 거 봤지롱."

사람은 보이지 않는데 목소리만 들렸어요. 귀에 익은 목소리였어요. 왼쪽 오솔길에서 연두와 연두 아빠가 나왔어요. 민기는 당황해서 어쩔 줄 몰랐어요.

"칫, 연두 너도 플라스틱 망 들고 있는 거 봤다."

민기는 지기 싫은 듯 곧바로 연두 말을 받아쳤어요.

"나는 이미 게임 포기했거든."

연두가 약을 올리듯 플라스틱 분리망을 들고 흔들었어요. 민기 아빠가 정리를 끝내고 밖으로 나왔어요.

"민기 아버님, 오랜만입니다."

"연두 아버님도 재활용 쓰레기 버리러 오셨나 봐요. 제가 도와드릴 테니, 빨리 끝내고 같이 산책하러 가실래요?"

민기 아빠가 말을 하면서 연두가 든 분리망을 들었어요. 민기는 긴 한숨을 쉬며 고개를 숙였어요. 플라스틱 게임에 실패했다는 게 너무 아쉬웠어요. 산책하러 가지 않고 집에 가만히 있었다면, 성공할 수 있었어요. 하지만 손에 쥔 울트라슈퍼믹스딱지가 마음을 달래 줬어요. 플라스틱 게임에 성공해서 울트라슈퍼믹스딱지를 받으려고 했는데, 어쨌든 더 빨리 손에 쥐었잖아요.

"연두야, 산책하러 같이 갈래?"

연두 아빠가 플라스틱병을 넣으며 물었어요.

"네, 좋아요."

민기 아빠와 연두 아빠가 정리를 끝내고 밖으로 나와 체육공원 쪽으로 향했어요. 민기가 주변을 서성거리며 딴청을 피웠어요.

"민기야, 산책하러 안 갈 거야?"

연두가 손을 내밀며 민기를 불렀어요.

"어, 가, 가야지."

민기는 말을 더듬거리며 잠시 머뭇거렸어요. 연두가 먼저 다가갔어요. 미소 짓는 연두 얼굴을 보자, 점심시간에 있었던 일이 떠올랐어요. 연두에게 조금 미안하다는 생각이 들었어요.

"연두야, 미안."

"뭐가 미안한데?"

민기는 점심시간에 있었던 일을 얘기했어요. 민기는 딱지 치다가 슈퍼믹스딱지를 뺏겨서 화가 났어요. 딱지를 빼앗긴 게 연두와 보배 때문이라 생각했어요. 그래서 지구 온난화에 관해 얘기할 때, 연두 대답이 맞는데도 고집을 세우

며 벅벅 우겼어요.

"나는 벌써 잊었는데. 사과한다니까 받아 줄게."

"고마워."

이제야 민기 표정이 밝아졌어요. 민기는 언제 그랬냐는 듯 연두와 수다를 떨며 즐겁게 길을 걸었어요.

연두 아빠와 민기 아빠가 대화하다가 서로 같은 초등학교에 다녔다는 것을 알게 되었어요. 자연스럽게 초등학교 때 얘기가 나왔어요.

아파트를 빠져나오니 체육공원 앞이었어요.

"우리 어릴 때, 여기로 소풍 자주 왔지요. 아마 저기쯤일 거예요."

연두 아빠가 체육공원 쪽을 가리키며 얘기했어요.

"진짜 많이 변했어요. 저 아래부터 전부 산이었는데."

"여기로 소풍을 왔다고요?"

민기가 아빠들 얘기를 슬쩍 들었는지 큰 소리로 물었어요.

"그래, 여기 참 많이 왔지!"

민기 아빠가 옛 생각이 나는지 멈춰 서서 아래를 내려다보았어요. 연두와 민기도 고개를 돌렸지만, 도저히 믿을 수 없었어요. 탈 것도 볼 것도 전혀 없는 곳에 무슨 재미로 소풍을 가는지 이해할 수 없었거든요.

민기 아빠가 예전에 소풍 갔던 얘기를 들려줬어요. 소풍 갈 때 김밥과 사이다가 소풍 필수품이었대요. 아이들은 산에서 보물찾기와 숨바꼭질을 하다가 반별 장기 자랑을 하며 놀았다지요.

"하하, 보물찾기가 참 재미있었는데."

연두 아빠도 고개를 끄덕이며 맞장구쳤어요.

"그런 것 보면 요즘 아이들은 참 불쌍해요. 흙 밟을 기회가 점점 사라지잖아요."

"맞습니다. 개발이 문제예요. 길을 내고, 공장을 짓고, 아파트를 세우면서 숲을 너무 많이 없앴어요. 예전에는 먹고사는 게 힘들어 앞만 보고 달렸지만, 이제 환경을 먼저 생각해야죠."

길이 조금 가팔라졌어요. 조금만 더 올라가면 약수터가 나왔어요.

"오늘 아이들 플라스틱 게임을 하는 것 보니 한편으로 참 슬프더라고요. 우리가 자연과 환경을 조금만 더 생각했더라면 지구 온난화 걱정을 조금은 덜 하지 않았을까요?"

"맞습니다. 지금까지 우리는 앞만 보고 달렸잖아요."

"우리가 너무 무책임했죠. 며칠 전 뉴스를 보니까, 우리나라가 탄소배출 세계 9위라고 하더군요. 가만히 생각해 보면 우리 잘못을 아이들한테 떠넘긴 것 같아 미안해요."

아빠들 표정이 조금 어두웠어요. 뒤에 따라가던 연두와 민기가 얘기를 모두 들었어요.

"그거 봐. 모두 어른 잘못이 맞잖아."

민기가 아빠 뒤통수를 향해 입술을 슬쩍 내밀었어요.

"진짜 그렇게 생각하니? 오늘 재활용 쓰레기 치우다 보니까, 내가 버린 플라스틱 쓰레기도 꽤 많더라. 책임이라기보다 우리 모두의 잘못이 아닐까?"

연두는 차분한 얼굴로 나긋나긋하게 얘기했어요.

"그렇네. 그래도 지구는 참을성이 참 많은 것 같아. 잘못은 어른들이 아주 오래전에 했는데, 지금껏 참다가 이제 화를 내는 것 같거든."

"맞아. 이렇게 착한 지구를 더 괴롭히면 안 돼. 우리가 지금부터라도 더 아끼고 사랑해 주자. 그래야 지구도 우리를 계속 사랑해 줄 거야."

"혹시 오늘 숙제 성공한 사람이 있을까?"

민기가 주머니 속에 든 딱지를 손으로 만지작거리며 흐뭇한 표정을 지었어요.

"설마, 아무도 없을걸. 이번 숙제는 너무 어려워!"

연두는 울창한 수풀을 보자 마음이 편해졌어요. 연두 얼굴에 미소가 살포시 떠올랐어요.

에필로그

산들바람이 하늘하늘 불었어요. 옹기종기 화단에 모인 꽃과 나무가 바람에 살랑살랑 흔들렸어요.

아이들은 각자 준비한 딱지를 가지고 운동장에 모였어요. 이번 가을 운동회에 딱지치기 시합이 있었거든요.

"웬일이래?"

"예전에 우리가 많이 하던 거 아니었어?"

뒤에서 지켜보는 부모들이 한마디씩 하며 웃음꽃을 피웠어요.

아이들이 들고나온 딱지는 플라스틱이 아닌 종이였어요. 예전에 달력이나 종이로 종이 딱지를 만들었잖아요. 아이들이 환경에 관심을 가지기 시작하면서, 스스로 지구를 지키겠다고 다짐했어요. 말이 아닌 행동으로 보여 주겠다고 약속하면서요.

아이들은 버리는 종이나 상자를 모아 딱지를 만들었어요. 이번 시합에도 플라스틱 딱지는 가져올 수 없었어요.

"펑!"

"딱!"

딱지치기가 시작하자, 요란한 소리가 울려 퍼졌어요. 멀리서 지켜보던 아빠들도 히죽히죽 웃으면서 옛 추억을 떠올렸어요.

"어릴 때, 내가 동네 딱지왕이었는데!"

"다음 경기는 돌로 하는 공기놀이래요. 나도 나가 볼까?"

엄마들도 웃으며 아이들이 딱지 치는 모습을 지켜봤어요.

인문철학 왕 되기

만일 나라면?

우리가 사는 환경을 지키는 일은 정해진 사람만 하는 게 아니라 바로 지금, 내가 사는 곳에서 하는 거예요. 나는 어떤 일을 할 수 있을까요?

플라스틱　스티로폼　비닐　종이

플라스틱을 줄이려면 어떻게 해야 할까?

만일 나라면?

나는 이제부터 비누를 쓸 거야. 플라스틱 용기에 든 세제 말고.

재활용품 분리수거

플라스틱 쓰레기를 재활용할 수 있게 분리하는 것도 환경을 보호하는 일이에요. 다음 중 **재활용할 수 있는 것을 골라 O표 해 보세요.**

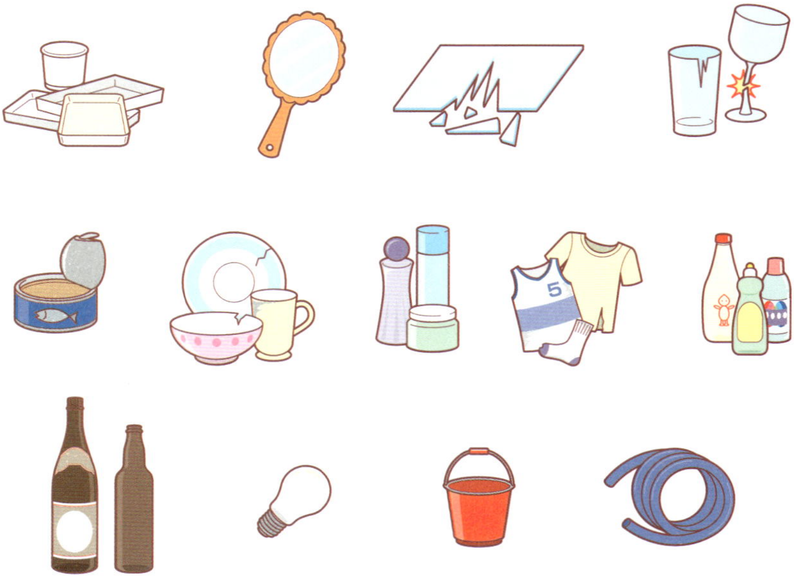

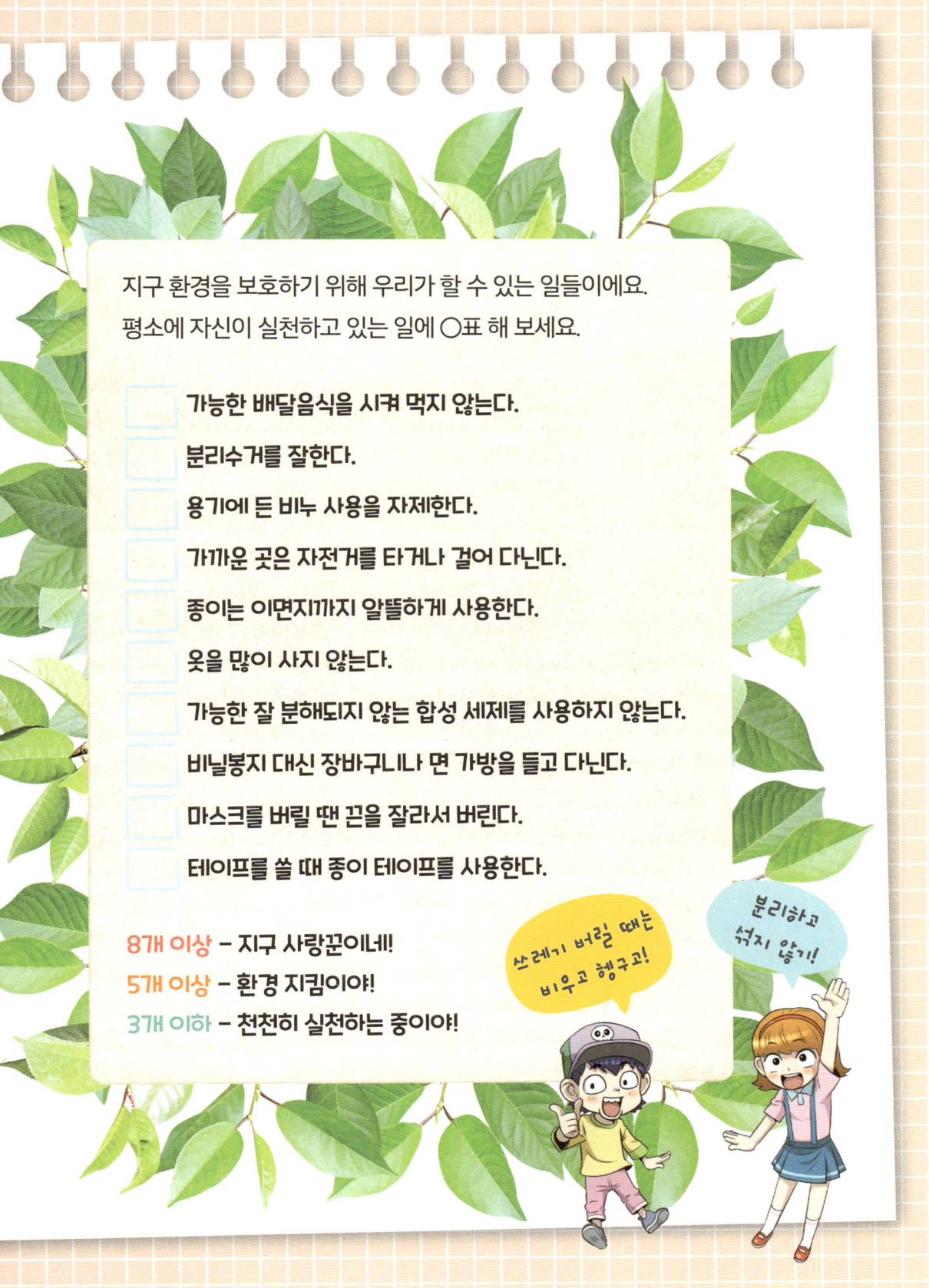

200만 부 판매 돌파!

한국디베이트협회

서울시 교육청 추천도서

2017 세종도서 교양부문

2012 문화체육관광부 우수교양도서

미래창조과학부인증우수과학도서 2018

책나라

2016년 우수건강도서

AI 시대 미래 토론

✅ 뭉치북스가 만든 국내 최초 토론책!   ✅ 초등 국어
✅ 한국디베이트협회와 교

01 함께 사는 로봇
02 원시인도 모르는 공룡
03 더 멀리 더 높이 더 빨리 스포츠 과학
04 까만 우주 속 작은 별
05 노벨도 깜짝 놀란 노벨상
06 지켜라! 멸종 위기의 동식물
07 도로시의 과학 수사대
08 살아 있는 백두산
09 콜록콜록 오늘의 황사 뉴스
10 앗! 이런 발명가, 왜 저런 발명품
11 아낄수록 밝아지는 에너지
12 과학 Cook! 문화 Cook! 음식의 세계
13 과학을 훔친 수상한 영화관
14 끝없이 진화하는 무서운 전염병
15 지구 온난화와 탄소배출권
16 먹을까? 말까? 먹거리 X파일
17 우리 몸을 흐르는 피와 혈액형
18 진짜? 가짜? 가상현실과 증강현실
19 두근두근 신비한 우리 몸속 탐험
20 우리를 위협하는 자연재해
21 봄? 가을? 경계가 모호해지는 사계절
22 세균과 바이러스 꼼짝 마! 약과 백신
23 생태계의 파괴자? 외래 동식물
24 쾅쾅쾅~ STOP!!! 우리나라도 위험해요, 소중한 물
25 오늘도 나쁨! 작아서 더 무서운 미세먼지
26 식량 위기에서 인류를 구할 미래 식량
27 썩지 않는 플라스틱! 지구와 인간을 병들게 하는 환경 호르몬
28 나와 똑같은 또 다른 나, 인간 복제
29 미래의 디지털 첨단 의료
30 땅속 보물을 찾아라! 지하자원과 희토류
31 농사일부터 우주 탐사까지, 미래는 드론 시대
32 알쏭달쏭 미지의 세계, 뇌
33 얼마나 작아질까? 어디까지 발달할까? 나노 기술과 첨단 세계
34 찾아라! 생명체가 살 수 있는 또 다른 별, 제2의 지구
35 배울수록 더 강해지는 인공 지능
36 창조론이냐? 진화론이냐? 다윈이 들려주는 진짜진짜 진화론
37 모두모두 소중한 생명! 멈춰요 동물 실험
38 유해할까? 유용할까? 생활 속 화학 물질
39 46억 년의 비밀, 생명을 살리는 지구
40 과학자가 가져야 할 덕목, 과학자 윤리와 책임

인재를 위한 과서

이제 토론이 공부다! 과학토론왕
과학토론왕 40권 + 독후활동지 40권
전 80종 / 정가 580,000원

이제 토론이 공부다! 사회토론왕
사회토론왕 40권 + 독후활동지 40권
전 80종 / 정가 580,000원

- 한우리 추천도서
- 경향신문 추천도서
- 경기도 초등토론 교육연구회 추천
- 경기도 지부 독서 골든벨 선정도서
- 환경정의 어린이 환경책 권장도서
- 한국 아동문학인협회 우수도서
- 학교도서관 사서협의회 추천도서

✓ 활용 만점 독후 활동지 각 권 제공!

서 선정 도서!
문가들이 강력 추천한 책!

01 우리 땅 독도
02 생활 속 24절기
03 세계를 담은 한글
04 정정당당 선거
05 우리의 유네스코 세계 유산
06 좋아? 나빠? 인터넷과 스마트폰
07 함께라서 좋아! 우리는 가족
08 한민족, 두 나라 여기는 한반도
09 너도 나도 똑같이 생명 존중
10 돈 나와라 뚝딱! 경제 이야기
11 시끌벅적 지구촌 민족 이야기
12 앗! 조심해! 나를 지키는 안전 교과서
13 바람 잘 날 없는 지구촌 국제 분쟁
14 믿음과 분쟁의 역사 세계의 종교
15 인공 지능으로 알아보는 미래 유망 직업
16 지역 이주가의 님비 현상
17 더불어 사는 다문화 사회
18 함께 사는 세상 소중한 인권
19 세계를 사로잡은 문화 콘텐츠 한류
20 변치 않는 친구 반려동물
21 왕따는 안 돼! 우리는 소중한 친구
22 여자? 남자? 같은 것과 다른 것! 성과 양성평등
23 모두가 행복한 착한 초콜릿, 아름다운 공정 무역
24 우리는 이웃사촌! 함께 사는 사회
25 틀린 게 아니라 다른 거라고? 글로벌 에티켓
26 신통방통 지혜가 담긴 우리의 세시 풍속과 전통 놀이
27 출발, 시간 여행! 유네스코 세계 문화유산
28 아이는 줄고! 노인은 늘고! 달라지는 인구
29 우리는 하나! 세계로! 미래로! 통일 한국
30 레벨업? 셧다운? 슬기로운 게임 생활, 벗어나요 게임 중독
31 살아 있어 행복해! 곁에 있어 고마워! 소중한 생명
32 나도 크리에이터! 시끌벅적 1인 미디어 세상
33 뚜아뚜아별의 법을 부활시켜라! 생활 속 법 이야기
34 하늘·땅·바다 어디서나 조심조심! 어린이를 위한 교통안전
35 함께 만들어요! 함께 누려요! 모두의 사회 복지
36 위아더월드, 도움의 손길이 필요해요, 세계 빈곤 아동
37 환경 덕후 오층사가 간다, 지켜라! 지구 환경
38 전쟁 NO! 평화 YES! 세계를 이끄는 힘, 국제기구
39 더 멀리, 더 빠르게! 미래 교통과 통신
40 알아서 척척, 똑똑한 미래 도시, 꿈의 스마트 시티

경기도 사서협의회 추천도서 | 한국교육문화원 추천도서 | 아침독서 추천도서

100만 부 판매 돌파!

수학이 쉬워지고, 명작보다 재미있는
뭉치수학왕

"인공지능(AI) 시대의 힘은 수학에서 나온다!"

개념 수학

〈수와 연산〉
1 양치기 소년은 연산을 못한다
2 견우와 직녀가 분수 때문에 싸웠대
3 가우스, 동화 나라의 사라진 0을 찾아라
4 가우스는 소수 대결로 마녀들을 물리쳤어
5 앨런, 분수와 소수로 악당 히틀러를 쫓아내라
6 약수와 배수로 유령 선장을 이긴 15소년

〈도형〉
7 헨젤과 그레텔은 도형이 너무 어려워
8 오일러와 피노키오는 도형 춤 대회 1등을 했어
9 오일러, 오즈의 입체도형 마법사를 찾아라
10 유클리드, 플라톤의 진리를 찾아 도형 왕국을 구하라
11 입체도형으로 수학왕이 된 앨리스

〈측정〉
12 쉿! 신데렐라는 시계를 못 본대

13 알쏭달쏭 알라딘은 단위가 헷갈려
14 아르키는 어림하기로 걸리버 아저씨를 구했어
15 원주율로 떠나는 오디세우스의 수학 모험

〈규칙성〉
16 떡장수 할머니와 호랑이는 구구단을 몰라
17 페르마, 수리수리 규칙을 찾아라
18 피보나치, 수를 배열해 비밀의 방을 탈출하라
19 비례배분으로 보물섬을 발견한 해적 실버

〈자료와 가능성〉
20 아기 염소는 경우의 수로 늑대를 이겼어
21 파스칼은 통계 정리로 나쁜 왕을 혼내 줬어
22 로미오와 줄리엣이 첫눈에 반할 확률은?

〈문장제〉
23 개념 수학-백점 맞는 수학 문장제①
24 개념 수학-백점 맞는 수학 문장제②
25 개념 수학-백점 맞는 수학 문장제③

융합 수학

26 쌍둥이 건물 속 대칭축을 찾아라(건축)
27 열차와 배에서 배수와 약수를 찾아라(교통)
28 스포츠 속 황금 각도를 찾아라(스포츠)
29 옷과 음식에도 단위의 비밀이 있다고?(음식과 패션)
30 꽃잎의 개수에 담긴 수열의 비밀(자연)

창의 사고 수학

31 퍼즐탐정 셜롱홈즈①-외계인 스콜피오스의 음모
32 퍼즐탐정 셜롱홈즈②-315일간의 우주여행
33 퍼즐탐정 셜롱홈즈③-뒤죽박죽 백설 공주 구출 작전
34 퍼즐탐정 셜롱홈즈④-'지지리 마란드리' 방학 숙제 대작전
35 퍼즐탐정 셜롱홈즈⑤-수학자 '더하길 모테'와 한판 승부

36 퍼즐탐정 셜롱홈즈⑥-설국언차 기관사 '어려도 달리능기라'
37 퍼즐탐정 셜롱홈즈⑦-해설 및 정답

수학 개념 사전

38 수학 개념 사전①-수와 연산
39 수학 개념 사전②-도형
40 수학 개념 사전③-측정·규칙성·자료와 가능성

독후 활동지

본책 40권+독후 활동지 7권
정가 580,000원